文筆峰 사람

조국영 시집

교음사

시인의 말

필자의 고향 앞산은 일월산 줄기 따라 뻗어온 장군천 마지막 자리에 필을 세워 놓은 듯 뾰족한 산으로 마을 앞마당까지 와닿는 '문필봉'과 '연적봉'이다. 문필봉과 연적봉은 바늘과 실 관계만큼 밀접하다. 문필봉이라는 이름을 얻은 봉우리는 붓끝처럼 뾰족하다.

좌우 방향을 보더라도 완전한 대칭 형태로서 단아한 모습을 가지고 있다.

이러한 붓으로 글을 쓴다. 생각이 모자라면 몰라도 붓 때문에 글을 못 쓰는 경우는 없을 것이다. 더군다나 연적봉이 물을 대어주는 골짜기 즉 주실(注谷)에 글은 마를 날이 없지 않겠는가.

문필봉 사람이란 필제를 살펴보면 필자는 심청정 정자의 가치와 이유 있음을 상기하여 본다면, 심청정 바로 앞에 장군천이 흐르고 심청정 정자는 문필봉을 안대로 하여 남서향으로 배치되어 있다.

필자의 어린 성장 시절 주야 없이 심청정에서 선친에 교훈과 지도를 받으며 성장하였다.

이 마을은 영남의 궁역진 산골 주실마을이 일찌감치 개화고장이 된 것은 영남에서는 유명한 이야기다.

수구의 구태를 과감히 깨쳐 나가는 혁신성을 보여준 마을, 주실은 개화의 마을, 신교육의 마을, 노동운동 마을, 신간회 마을 이런 명칭들이 붙어진 역사가 왜 아니 자랑스럽고 민족 마을이라는 말이 왜 아니 어울리겠는가.

근대사에 활동하신 유명하신 몇 분 중에, 주실마을 활동력으로 일깨워 주시고 개화사상을 접하고는 신문학을 가르친 인물인 조동진(趙東振, 世林, 1917~1937) 선생님은 젊은 나이에 세상을 등진 한 많은 세상의 설운 노래의 마을에서 꽃탑을 발간하였으며 소인극을 공연하였다.

조동탁(趙東卓, 芝薰 1920-1968) 선생님은 지조와 국학의 열정 「한국문화서설」은 무엇보다도 한국민족사에 대한 전반적인 이해와 나아가야 할 방향을 제시해 주었다는 점에서 그 의의가 대단히 크다. 이렇듯 주실, 이 마을 집안에서 배출된 문인과 학자들은 전통적인 시서나 미학 또는 국학에서 법고창신(法古創新)의 정신을 엿볼 수 있다.

현재 이 마을 후손들 중 박사가 36여 명 이상 배출되었고 학계에서나 기타 여러 분야에서 유명한 인사가 계속 등단되고 있다.

필자의 생각 모두가 우연이 아니라 앞서 말한 바와 같이 문필봉과 연적봉, 산세의 풍요로운 기운의 영향이라 생각이 된다.

필자는 젊은 시절 학문을 하고 싶어 시 쓰는 공부를 하였다. 그리하여 우리나라 문학계 거장이신 청록파 시인이신 조지훈(趙芝薰, 東卓, 1920-1968) 선생님에게 사서를 감히 받았다.

그러나 선생님은 젊은 연세에 작고하셨다. 필자는 졸지에 등댓불을 잃은 쪽배가 된 심정에서 방향을 잃고 방황하다 필을 놓았다.

세월이 흘러 무엇인가 하고 싶은 심정에서, 서예 공부를 하기로 하고 종로구 인사동에 서예학원을 찾아 정심서예학원에 등록하였다.

이 학원 仁田 신덕선(申德善) 원장님은 서예계에 높은 명성을 갖고 계신 분으로 착실한 지도를 받아 그 후 한국서예진흥협회에 출전하여 입선과 우수상을 받았다. 이후에도 한국서예계에 거명이신 추사(秋史) 김정희(金正喜) 선생님 서예전에서 다수 입선하였고 이어서 자암(自庵) 김구(金絿) 선생님 서예전 등에도 다수 입선하면서 서예작가인증서를 받았다.

그러나 필자는 시인도 아니요, 서예인도 아닌 일반인에 불과하지만 젊은 옛 그 시절, 꿈꾸어왔던 포효를 부르고 싶은 절실한 심정에서 그날을 묻어두고 싶진 않았다.

책장 속에 깊이 숨겨두었던 옛날 그 시절 혈기에서 쓰고 배운 것을 세상 구경시키고 싶었다. 그러나 역시 미숙하다는 생각이 앞서 망설이고 포기하려 하였을 때 지인 중에 자기 마음에서 새겨진 그대로의 글이란 잘 되고 못된 것을 그 누군가 가리는 것이 아니라 자신이 갖고 있는 '참뜻', '진의'의 표현이 중요한 것이라 하였다. 그래서 이 책을 주저 없이 내기로 마음먹었다.

끝으로 출간에 도움 주신 지인 이진형 작가에게 감사합니다. 그리고 교음사 강병욱 대표님과 류진 편집국장 두 분의 친절한 지도를 받아 큰 도움이 되었습니다. 교음사의 무궁한 발전을 기원합니다.

2024년 초여름

항상 松江을 그리워하면서.

翰林 趙局永 올림

| 문필봉 사람 |

1. 詩篇

1

詩篇

기다림

님은 아주 떠나가신 후(後)
아니 오시면
기다리는 마음은
키 높은 포플러 그늘 속으로…

기린(麒麟)처럼 늘어져
목이 아프다

하늘빛 파라솔 정(情)들어 올 때
창(窓)밖에 따리아꽃 목이 타는데

무더운 날 비 한줄기 쏟아 젖으면…
기다린 날 편지(便紙) 한 장 왔으면 좋지

오실 맘 다시 없는
그 사람 기다리는 정(情)이 더 하면

밝혀둔 등(燈) 심지가
까맣게 마음속
타기라도 한다

사랑이란
모질기가 한(恨)이 없구나
사랑하는 그 모습 살아옴이여!

기다려도 아니 올
님이 마음을
기린(麒麟)처럼 늘어져
목이 아프다

파고다 공원

수목(樹木)이 늘어뜨린
긴 음영(陰影) 아래 누운
파고다 공원(公園)의 오후(午後)

깃발을 빼앗긴
폐전장

조급히
주름잡던
절망(絶望)의 단애(斷崖)

거센 풍운(風雲)이
겹쳐 간 자리에

한 층(層)
두 층(層)
쌓아 올린 탑(塔)은
오랜 인고(忍苦)에 이끼가 앉았다

성하(盛夏)의 끓는 태양(太陽) 아래

쑥밭처럼 무성(茂盛)한
집념(執念)들

끊지 못할 혈연(血緣)
습성(習性)은 모질다

그날처럼 남루한
고아(孤兒)며 유랑자(流浪者)들이
일그러진 좌표(座標) 앞에 손뼉 치는
너와 나의 신세

지친 육신(肉身)을 거느리고
일 없는 서러움 속에
파고다 공원은 안일(安逸)하구나

깃발을 빼앗긴
폐전장
아무도 외치는 이 없는
파고다의 오후

국군묘지(國軍墓地)

그날의 그 하늘이 있고
그 땅,
또 한 있다.

열(熱) 오른 젊은 육신(肉身)
땅에 누이고

그들이 쏟은 선혈(鮮血)
조국(祖國)의 산하(山河)에 스며
끊임없이 솟는 눈물의 샘이 되었다

그들은
끝내 용감(勇敢)하게 숨이 졌고
그날의 전우(戰友)들은 고달픈 삶이
드디어 슬프다

오늘 동작동(銅雀洞)은
육신(肉身)이 아니라 영혼(靈魂)이 모인 산기슭
국군묘지

이 심연(深淵)의 감회
조국의 거름[肥]으로
성숙(成熟)하는 후인(後人)들의 교훈(敎訓)이 되라

그 날
그 하늘
그 땅 사이를
주름잡던 포효(咆哮)

생명(生命)을 바친 보람이란
내 어버이에게 드린
슬픈 좌석(座席)의 표식(標識) 하나

한 줌 진한 흙
네 한 몸을 메꾸고서
밤과 낮,
나팔수(喇叭手)의 장송곡여음(葬送曲餘音)으로
비석(碑石)과 비석은 풍화(風化)한다

우리는 모두 전우의 가족(家族)
우리는 원래(元來)부터 하나뿐인 민족(民族)

이곳에 조그마한 돌베개
그대 이름 석 자 새기어
기억(記憶)하고 있다

* '이곳에 겨레의 영광인 한국의 무명용사(無名勇士)가 잠드시다.'라고.

포도원의 계절(季節)

긴 줄기에
쉼 없이 뻗어난
싱싱한 행렬(行列)

포도는
매어 달려 아기 재롱으로
부지런히 모여서 여물기로 한다

손자국처럼
살진 포도잎

고요히 스며오는
가을 향기(香氣)
입가에 돌아오는
감미(甘味)로운 꿈

저 하늘 아래
호수(湖水)가 터져 오듯
짙어버린 서러운 호흡(呼吸)

석양(夕陽)에 마주 앉아 나눌 이야기도
짝지을 두 사람의 자취도 없이
가을은 오려내는
서러움이 크다.

멀리서 들려오는 송아지 울음소리
열매 거친 곡성(哭聲)
파편(破片)처럼 떨어져 상(傷)한 표적(標的)이
마음속에 큰 상처(傷處)로 남는다

고심의 변(辯)

구걸(求乞)하는 사람
줄 지어선 행상인(行商人)들 속에
거짓도 오늘 하루, 무기(武器)로 쓰는
누더기와 같은 양심에
아려오는 신경통(神經痛) 질환

‘가시오’
‘서시오’ 그러하지요
‘러시아워’ 어지러운 비좁은 거리

현실(現實)은 문명(文明)을 가장(假裝)한 도심(都心)의 서울
삶의 단층(斷層)이 무한대로 번져 가는데

이 굴곡(屈曲) 속을 해여 가는
아 쓸쓸한 위치(位置)

내 한 몸
소득(所得) 없는 웃음을 유랑자(流浪者)처럼 팔고
성하(盛夏)의 한나절

불을 담는 고뇌(苦惱)
천근(千斤) 무쇠를 삼킨 육신이 주저앉고 싶어라

이 부조리(不條理)한
삶을 거절 못하고
이방인(異邦人)처럼 살아야 하는
약(弱)한 신세

조그마한 몸 하나
갈 곳 없는 서러움에 쫓기고
하루를 천(千) 년(年) 세월(歲月)같이 살아야 하니
오늘에 태어난 몸이 서럽구나

보상(報償) 없는 균열 속으로
처절(悽絶)하게 이식(意識)되는 생활(生活)의 구조(構造)
우리 모두 하나 같은 위치(位置)에
이리도 값없는 삶의 고뇌(苦惱)여

만추(晩秋)의 계절(季節)

열사(熱射)의 시각(時刻)은
분주히 차려놓은 휴식(休息)에 장(場)
만삭(滿朔)을 풀기 위한
거북한 체중(體重)

산은
높아진 하늘 속
낙오(落伍)된 산과일(山果) 상한 냄새
불미스러운 산(山) 올림만…
순종(順從)을 허락(許諾)한다

태고(太古)의 전설(傳說) 무궁(無窮)히 전하여 오는
은밀(隱密)한 젖가슴

농성(籠城)하는 거치른 바위같이
원한(怨恨)을 반항(反抗)하여야 하나
타협(妥協)하여야 하나
슬픈 밀어(密語)들…

'에덴'은 언제나 멀어진 지점(地點)

떨어져 나아가 앉은
열매 없는 산협(山峽)

나
그
네는 어이 살아왔으랴
철 늦은 구(九), 시월(十月)
만추(晩秋)의 대화(對話)

자화상(自畵像) 1

한자(一尺) 남짓한 표주박
수백(數百)을 가려내는
혼돈(混沌) 없는 골상(骨相)

천애(天涯)의 탕아(蕩兒)인 양
의지(意志)를 팔랴
이는, 약(弱)한 '가롯 유다'

백치(白痴) 같기만 한 자기(自己)를
고독으로 유인하여
구조(救助)하는 비명(非命)
비명(非命)

뱃가죽에서 지방질(脂肪質)은 언제부터 말라 젖는지
사지(四肢)가 실죽거리는 거미 발
고독(孤獨)한 자는 슬프다
고독한 자는 이상(以上) 더 슬프지 않는다

자화상(自畵像) 2

여섯(六) 자 남짓한 체격(體格)인데
하늘이 그려준 구릿빛 살결
혼돈(混沌) 없는 안면(顔面)

강(江)을 건너도 산(山)을 넘어도
조상(祖上) 잊을 세사(世事)인가
이는, 약한 '가롯 유다'

십일촌(十一才) 넘어 넘은 친인척(親姻戚)
멀어진 세상사(世上事) 알 리가 없겠지만
고향(故鄕) 살든 타향 살든 혼돈(混沌) 없는 모습
세사(世事)에 멀어진 안면(顔面) 잊을 비명(非命)
비명(非命)

먼 옛날 잊고 살아 오늘에 와서
삶에 고뇌(苦惱)라 멀리하려면
고독(孤獨)한 자는 슬프지 않으리 없지만
오늘에 삶에 이상(以上) 더 외로워하지 않으리라

자화상(自畵像) 3

빈자리 하나 없는 완전(完全)함인데
문화병자(文化病者)인가 백지(白紙) 한 장
몇 수십(數十) 년(年) 한파(寒波)에
목을 축이려는 생영(生靈)
황홀(恍惚)한 이 지역(地域)에 춤이라도 있음이 좋으리라

오늘을 지연(遲延)하자면
태초(太初)의 의미를 감수(感受)하여
진정(陳情) 자기를 의식할 때

이는 한자(一尺) 남짓한 골상(骨相)
'오규스트- 로댕'
당신은 너무나 세련(洗練)된 눈
걸작품(傑作品)에 조화는
손이 더 가지 않아도 좋을 선(線)과 '볼륨'

오늘은 침전(沈澱)된 오명(汚名))에 구역(區域)
웅크린 초상(肖像)으로
당신다운 작품의 조예(造詣)
석반(石盤) 위에 새겨 줌이 거룩하여라

해수(海愁)

두 다리면 아우성
성급(性急)한 반발(反撥)
바다는
포주처럼 보물을 담고

은(銀)비늘 창파(滄波)에 뱃전에 졸고
수심(水深) 깊은 뱃길 위에 돛단배 띄우면
외로울 때 벗 삼는 바다가 좋다.

소라꿈 쌓아 모인 물결가에는
누나처럼 조용한 그리운 대화(對話)

낙조(落照)에 물들이는
조그마한 해안선(海岸線)
갈매기 떼 무희(舞姬)는
울음이 없다

그리운 벗에 편지(便紙) 사연은
근간(近間)에 처음 보는 소식(消息)이라
바다 끝

자리에 와서 읽은 후(後)
하나 없이 바다에 띄워 보낸다

추색(秋色)

올 것 같은 바래임도
그것
그것만은 아니겠지만

모진 세월(歲月) 살아온 유구(悠久)한 흔적(痕迹)
수백(數百) 년 뼈를 묻고
살갗을 썩이면서
가을색 더욱 깊게 수(繡) 놓아라

올 것 같은 바래임도
그것
그것만은 진실(眞實)이겠지만

어버이가 사랑하고 간 계절(季節)에 흔적
대대손손(代代孫孫) 미루어 준 정(情) 감사(感謝)하며
만찬(晩餐)에 풍성(豊盛)한 잔치(殘置)
가을빛이 찬란하여 향기(香氣) 좋아라

추성곡(秋聲曲)

하늘은 어디까지
지향할 곳 없이 트여진
한(恨)

망망(茫茫)하게 떨어져
내게로 밀려온다고 하면

가을은
떠나야 할 추심(愁心) 속
위안(慰安)을 못다 할
송구(悚懼)함인데

이 계절(季節) 터뜨려 놓은
한 세월(歲月)은
여름내 타버린 상처(傷處)뿐인 흔적(痕迹)

오늘의 기류(氣流) 앞에
굴절(屈折)하는 여음(餘音)은
풍선(風船)처럼 높아져 무념(無念)이 뒹굴고

이삭 줍든 여인(女人)에 수심(愁心)도
심장에 파편(破片)을 받고
산노루와 같이 우수(憂愁)에 젖은 고달픔이다

거북한 사념(思念)에
하늘만의 푸름한 시선(視線)
내 - 일신(一身)을 여기 고정하면

아 가을은
정(情)을 잊은 돌조각
마음 끝 깨물어 보아도
감빛 속에 졸음이 탈것인데

낙엽(落葉)은 한 잎
두 잎
모여진 개울마다
더 영글지 못할 결정의 열매가
병(病) 앓는 침상에
고통만 풍성하게
계절을 수놓아 간다

지금쯤 간다고 나설
몸차림이나
허공(虛空)을 향(向)한 창백한 백지(白紙) 이 표정(表情)

윤기(潤氣) 마른 나뭇가지마다
지몸에 상처를 두 다리는
성급한 울음소리가
나뭇가지마다
떨떨바람 우는 소리 쓸쓸하구나

한강류랑곡(漢江流浪曲)

잔인(殘忍)한 울음 터지는
높푸른 물결

'에메랄드 그린'
미꾸리처럼 질펑거리는
조밀지대(稠密地帶)의 구도(構圖)

강한 구릿빛 살결은
분별(分別)없는 난무(亂舞)만이 어지러운 육성(肉聲)
무수(無數)한 얼굴들이
하나같이 익어가는 피서(避暑)의 장(場)

구호소(救護所)의 백색탑(白色塔) 지켜보면
질식(窒息)하여 오는 마음
냄새 많은 강 물속
하나같이 뛰어들어 혼돈(混沌)을 잊었다

뜨겁고 지루한 사장(沙場)
'라이프 가드' 목전(目前)에
목을 조이는데

숨결 거친 아우성만이
세도(世道) 하는 강렬(强烈)함에 불안(不安)한 지점(地点)

시야(視野)는 억압당한 지대(地帶의 흥취(興趣)
조금이라 허락(許諾)된 하늘 아래
목을 늘어뜨린 무질서(無秩序)한 후예(後裔)들

어제보다 오늘이 삶에 가치가 소중한지
현실을 잊고 난무하는 아우성
절망을 잊은 모래언덕마다
무한히 씹혀가는 가련한 유랑의 춤

혹서(酷暑)를 잊은 여름 한나절
하늘이 가까이 닿아 붙은 지열(地熱) 사이에는
불장난을 꺾지 못하는 암울(暗鬱)한 선율이여

끝내, 끝까지, 간격을 구별(區別) 못하는
한강유랑곡(漢江流浪曲)
'라이프 가드' 목전(目前))에 목을 조인다

야음(夜陰)의 소동(騷動)

도시(都市) 체중(體重)이 비대(肥大)하여지는
어느 번화(繁華)한 주변(周邊)에
낯선 얼굴만이
수자(數字)를 손꼽는 암흑가(暗黑街)

판잣집 기울어진 추녀 아래
헐값 대폿잔(盞) 기울이는
생존자(生存者)에 진의(眞意)가…
바야흐로 오늘은
문명(文明) 하는 세기(世紀)에 대접(待捷)인데
무엇에 쫓기는 내 한 몸

허무한 절규(絶叫) 속
쇠잔(衰殘)한 거리에 여파(餘波)를 수집하려는」
눈동자 너무 고적(孤寂)하기만 하다

날마다 몰락하는 밤 기운(氣運)
한 가닥 피안(彼岸)에 형상(形象)도
그대를 아껴올 권유(勸諭)라 하면

찢어진 창(窓)틈으로
추태(醜態)를 흐느끼는
'섹스로지'에 헐값이 아니겠지요.

오, 밤을 위한 인간(人間)들이여!
진실(眞實)한 밤이 영광(榮光)을 돌보아
지축(地軸)으로
기갈(飢渴) 당한 인간처럼
실리(實利)에 은혜를 배반하는
인간 앞에
저주(咀呪)의 축배를 높이 들자

명상(瞑想)하는 거리에

밤하늘 수 놓은
별 날이…

저렇듯 모여 살자 함에
백열등(白熱燈) 쏟아지는 이 길거리가
무척 아려오는 고통(苦痛)을 흩어버린 시간

네가
이 세상(世上) 어디에서
살아남을 간드러진 고운 목숨

어디 모르는 거리에
다시 반겨줄 표정(表情) 때문에
돌아서 버린
내 한 몸

비록 열매 맺지 못할
한 그루 고목(古木)이 되어도
그대 이름 없는 눈동자 동경(憧憬)하면
명상(瞑想)에 거리를 주려 잡고 가까이 가렵니다

이렇듯 정색(政色)을 잊고
미소(微笑)짓는 무심(無心)한 표정(表情)
반겨줄 대변(代辯)이다

오늘도 그 누구와 나누지 못한
무정(無情)한 하룻길인데
고독(孤獨) 하는 멋에서

젊은 날 한 세월(歲月)을
발돋움하여 살아갈 것이다

고별을 위한 문

모질게 쪼아버린 부리가
어쩌면 안으로 굽어진
상아(象牙)의 형(型)틀

몇 겹 투박한 표피(表皮) 속
여장(旅裝)을 풀고
먹칠한 윤곽(輪廓)으로
가장(假裝)하는 행렬(行列)을 구도(構圖)한다

계단(階段)도
창문(窓門)도
무엇 하나 없는 무아(無我)의 경지(境地)

오늘은 취객(醉客)이 고소(苦笑)를 응수(應酬)하면
사로잡힌 몽상(夢想)에 자연(紫煙)은 순(順)하고
잊어버린 체구(體軀)를 여기 이끌고 왔다

나는 진정(眞情) 무엇에
'노스탈자' 기폭(旗幅)처럼

손수건을 날려야 할지
참으로 어색한 고무(鼓舞)의 답례(答禮)

정열(情熱)에 타는 검은 토혈(吐血)
백지(白紙) 사이에 크나큰
차원(次元)이 등급(等級)
저주에 목례(目禮)를 나누었다.

고별(告別)을 위한 문
이상(理想)마저 흐려진 쇠안(衰顔)
나는 갈 것이다

철창(鐵窓) 없는 황량한 성(城) 밖으로…

이별(離別)

오는 날 인사(人事) 없이 찾아와
슬피 울고
떠나가는 정(情)
갈 길은 수천리(數千哩)
길 배웅 하나 없는
몸이 서럽구나

산다 하여도
일년(壹年)을 함께 못 살
강남(江南) 땅 길손

잔월(殘月)을 마중하는
베푸는 잔치
횃줄에 모여 앉아 피로(疲勞)한 륜창(輪唱)

가야 할 길
멀어져 길 없는 창공(蒼空)
하늘이 바래이는 바람이 차다

표적(標的) 없는 적도선(赤道線)
먼 이국(異國)땅
문패(門牌) 없는 이별이 마냥 서럽구나

코스모스 꽃

9월(月)
가느다란 목숨이
위태롭게 자라서
향기(香氣) 고운 사연(事緣)

긴 여름 한나절 못다 피운
꽃을 좇아
하늘을 떠받고 살아남이여

태양(太陽)이 버리지 못한
외진 기슭에
한 줌 흙을 밟고
정성(精誠)껏
화려(華麗)하게 목을 느린 자세(姿勢)

하늘은 곧장 높아
멀어 가는데
속속들이 자란 목숨
향기(香氣) 고음이여…

간드러진 꽃은
얇은 마음 숨을 감춘 새악시
내 육신(肉身)에 스며옴이
향기(香氣) 더욱 곱구나

구근(球根)

오히려 더 더딘
구근(球根)을 채취(採取)하면
종자(種子)의 가치(價値) 외 종류(種類)를
분간(分揀)하기라도

오래
역사와 풍랑(風浪)에서
몇 겹, 몇 자국

사물(事物)에 순종(順從)을 말하여 줄
끊을 수 없는 뿌리가
강(襁)한 구근(球根)이라서…

수천(數千) 년 종족(種族) 보존(保存)이라
몇 겹, 더 강한
구근(球根)이라서…

더 덕지가 얽혔어야
좋을 것이리라
말함이다

석류(石榴)

투박한 몸가짐에 구릿빛 화로(火爐)
고집 센 생김새라 뜨거움이어라

어이
터져짐에 그 속이 고아라

불빛같이 고운 속 힘껏 다가서면
열정(熱情)은 더함 없이
정(情)을 태우고

그 이름
다시 없는 석류(石榴)라 한다

산송(山頌)

山이 山에 있어
山이 山에 山 위에 있어
山 모양 같아
山 노래가 흥미가 있다.

山이 山에 있어
山이 山에 山 그늘 있어
山 꿈은 山 같아
山 잠을 고요히 즐겨 잔다

山이 山에 있어
山이 山에 위에 많은
山 낙원 山 같아
山 그림자 구름 위에 있다

그리움

그림자 없는…
그림자 이 말,
그것은 한(恨)없는
영감(靈感)에 가교(架橋)
그리움, 아주 못 잊고 살
그리움이어라!

할미꽃

뙤약볕 머리 쓰고
홀로 사는 할미꽃아

어찌하면 저렇듯이
궁핍하게 생겼느냐

다물어진 입술 열 때
주홍색빛 애타는 정

그 버릇은 못내 잊고
허리마저 굽어져라

어깨동무

동무여 무심(無心)한
소꿉동무야

오르막길 올라갈 때
내리막길 내려갈 때

몇 번인가 또 몇 곱인가
오르고 또 내려왔지

마음 썩으면서 몸을 비비고
이 언덕 저기 갈길
너도 가고 나도 가고

어깨동무하자던 때
다 잊고 살아감이
인간사(人間事)인가 세상사(世上事)인가

친구(親舊)야 내 친구야
어깨동무하며 가자
어깨동무 좋아라
함께 가자꾸나

눈 없는 새

쪼아버린 부리가
어쩌면 안으로 꾸부러진
상아(象牙)의 형(形)틀

저 하늘 아래
초록색 떼 집을 짓고
하루를 살다 간다 할 몸이라서

죽지가 내려앉은
흔들거리는 비바람이라도
따스한 보금자리가 진정(陳情) 소원(所願)이었어라

제 몸에 상(傷)한 상처(傷處)를 잊고
따스한 마음을 가지려 한다면
비상(飛翔)하고 싶은 용기(勇氣)는 어디에 둘까

언제인가 버리고 가야 할 많은 고통(苦痛)
어느 누구에 하소연 풀어서 좋을 마음인데
눈 없는 새처럼 병(病)이 되면 노래할 것이다

졸음(拙吟)

나는 어디까지 왔는가?
물구름 달리듯 오색(五色) 거리에
한 갓 살아있다는
생각(生角)만이 보람이 아닐까

수십(數十)여 종류(種類)가 만발(滿發)한 정원(庭園)
자연(自然)에 부딪히는 생리(生理)가 외로워도
안개 속에 진한 밤공기는
가득히 자리 잡은 들국화 모습

따스한 요람(搖籃)에 좌석(座席)
어둡고 지루한 뒤안길에서
언제 부르지 못한 목청을 돋우라 하고
독백(獨白)에 문(門)을 열어라 할까

시(詩)를 못 쓰는 사람 고통(苦痛)과 괴로움에서
시(詩)를 배우라 한다
모두가 슬피 우는 눈물이라도
젖어오는 상처(傷處)의 흔적(痕迹)
아픔은 더 깊을 것이라 마지막 깃발을 날릴 것이다

성하일지(盛夏日志)

(I)

팽창(膨脹)하는 실온(室溫)
피부(皮膚)에 온기(溫氣)를 빨아낼 뿐

시점(時點)은
1964년 8월 모일(某日)
꽃피는 '비취파라솔' NO 190번

포로(捕虜)가 된 인육시장(人肉市場)
숨 가쁜 육성(肉聲)
좁아진 근칙거리(謹飭距離) 예민(銳敏)한 촉감(觸感)
인종(人種)은 구릿빛 안면(顔面)은 멀다

(II)

솔개가 닥쳐 빛을 싸기 전(前)
길 잃은 목자(牧者)여
힘을 내어라

배암이 도사리고 독(毒)을 품고 있는 밤
파도(波濤)가 넘쳐와 목을 조인다.

표적(標的)에 한(恨)을 잊은 삶에 보답(報答)
커피 함께 어두운 쓴잔(盞)을 들어
벌레처럼 아리대는 생각(生角)을 한다

몽상(夢想)

잠 못 이루는 이른 새벽부터
비둘기 낡은 지붕 위로
쿠욱 쿠옥 울며 울어…

가슴에 털을 뽑고
정(精)을 통(通)하자
몸이 자라옴인가

대지(大地)가 젖어오는 저습(低濕)한 기온(氣溫)
모두가 슬피 우는 눈물이어도
상(傷)한 표적(標的) 두고 떠날 때

격투(格鬪))하는 정(精)이 몸을 태운 사연(事緣))에
끝없는 심호흡(深呼吸)
연정(戀情)에 사연(事緣)도 적어 올리리라

'나폴레옹'도 '시저'도
그리고 '히틀러'도
지구(地球) 어느 빈자리에 숨을 거둔 흔적(痕迹)
조그마한 묘혈(墓穴)일 뿐일 것이다.

형이상하학적(形而上下學的) 철학(哲學)에 씨알
문명(文明)이 세도(勢道)하는 지각(遲刻)없는 망상(妄想)
인생(人生)을 장식(裝飾)할 거대한 야망(野望)
석고(石膏)처럼 굳어져 끝이 안 보인다

헤어지는 밤

잘 가시오
깊어가는 이 밤을 두고
만나고 헤어지는
우리의 사랑

밤이라면
사랑하는 사람 위에 생겨났지만
먹구름 마주쳐 번개가 일고
정(情)을 나눈 비둘기 한 쌍
알을 낳으리

물 마른 개울길
물때 맡으면
헤어지는 그대 모습 외로움이기에
발끝에 부딪히는 돌부리 뽑고
커피처럼 진한 생각에 잠기면
힘 잃은 벌레가 거물거린다

임이여
이 밤에 주고 간 그 말에는
장막(帳幕)을 걷은 다음 우리 이날을
행복하게 장식(裝飾)하자 하였습니다

부모(父母)

나목(裸木)에 속살처럼
하얗게 고운 것이

저 달은 은(銀)빛 꽃가루를 뿌려주는
고요함이 와서 닫기에

조용하게 내려앉은
달만이 빛을 주는 신비(神秘)의 약속
천(千) 년(年)을 수없이 헤아려 봐도
또다시 천 년이 온다 하여도

그때 그 자리에서…
그때 그 사실(事實)로써…

'아배' 하고 '어매'가 마주한 언약(言約)
그 속에서 생(生)겨 남이 자식(子息)이어라

간직한 고운 마음을 버리지 못하는
뜨거운 참스러운 부모님 사랑
사실(事實)대로 살라면서 본성(本性)대로 하라면서
자식(自息)으로 살아남이 참아 좋아라

옛이야기

할미가 기다리던 아들 낳았소
딸 낳으면 시새움에 한(恨)이 많지만
아들 낳으면 어미는 호사(好事) 받아요

'에덴'에 자리를 창조(創造)라 했고
흙으로 만드나요. 어이하나요.
그래도 가려 낳으면 더한 재미지요

말이라서 못다 할 말도 있다지만
아주 훗날 그 사람 되어 두고 보자던
사랑한다 하는 말이 제일(第一) 좋아요

삼남일녀(三男一女) 낳으면 하늘이 알고
칠성(七星)님께 정한수(情恨水) 빌어 왔지요.
시새움이야 이제야 옛이야기랍니다

고향가(故鄕歌)

흘러가는 풍운(風雲) 속에 십여(十餘) 년(年)이 넘은 이길
가을이라 산천(山川)에는 예와 다름없는 계절
나이 어린 아이놈들 타인(他人)인가 몰라보니
내 몸 나서 자란 고향(故鄕) 오늘에사 외롭구나

장(場)에 가는 망아지가 울며 넘던 고개턱에
사시절(四時節)을 뛰어놀던 이 산천(山川)의 무심(無心)하니
고향(故鄕) 찾아 걷는 마을 이제 와서 알았으니
그리웁던 고향 생각(生角) 쓸쓸하게 남는구나

어두움이 깊게 덮인 내가 자란 옛집에는
밝혀 놓은 등불 아래 옛이야기 있으련만
산적잡패山賊雜悖) 노략(擄掠)질에 타다남은 반절(半折) 집뿐
괴롭구나 시국(時局)이여 웃을 날에 다시오리

반갑구나 내 친구(親舊)야 산천마다 말이 없다
머루 다래 먹던 시절(時節) 우리 함께 기억하자
기다리는 마음 없는 이 산천을 내가 뛰니
울긋불긋 산(山)새 속에 산 짐승이 넘는구나

산새들이 깃을 쉬며 오곡백과(五穀白果) 걸어 놓고
옛 마음들 변치 않는 내 친구와 두셋 모여
대추 같은 등(燈)불 심지 밤알만큼 돋워가며
이 한밤이 다 새도록 옛이야기 날 새우자.

내 친구야 흥(興)겨 놀자 미련(未練) 없이 놀고 가게
향수(鄕愁)로다 술잔 속에 옛 추억이 어리우니
주고받는 이 술잔이 이별주(離別酒)가 아니런가
내가 나서 자란 고향(故鄕) 허물없이 놀다 간다

독백(獨白)

내 나이 삼십칠(三十七) 세(歲)
인생(人生)을 살아온 전부(全部)는 아니다.

한평생(限平生) 못다 이룬 어버이 자식(子息)
예순한 해 점치는 생명(生命) 길에서
삶에 이정표(里程標) 무한(無限)한 세월(世月)

조소(朝笑)와 무시(無視)를 뿌리치고
좀 더 진실(眞實)한 삶에 보답(報答)으로
언제나 변(變)함없는 길을 찾는다

붉고 따가운 장미꽃 꽃송이
자연스러운 장식(裝飾)이라 한다면
따뜻한 우리들에 손과 손이 되고

참으로 더 없는 약동(躍動)하는 힘을 구하여
무형(無刑)에 꿈이라 하여도 좋기에
분명(分明)한 좌표(座標)의 흔적(痕迹)을 기억(記憶)하리라

태양(太陽)이 태우는 한 잔 진한 잔(盞)을 내어놓고

비굴(卑屈)하지 않으면서 주저(呪詛)하지 않으면서
다정(多情)하고 따뜻한 주홍(朱紅)빛 잔(盞)을 받을 것이다

야음(夜陰)이 뒤를 쫓는 고달픈 포옹(抱擁)
이제 당하고 싶지 않는 위기(危機)에 서서
피어나지 못한 한 그루 건조(乾燥)된 풀포기라서

어디에서 조용한 권유(勸誘)를 사색(思索)하려고
뜨겁고 진한 값진 대접(待接)이라 하면
주어진 몫이라서 푸대 속 가득 이삭을 담으리라

청춘(靑春)을 노래하는 최상(最上)이 양악(洋樂)을 올릴 때
극치(極致)의 마루 난간이라도 쏜살같이
마인(魔人)들 광음(音) 귓전에 물리칠거야

당신은 당신 자신(自身)에 한(恨)없이 도취(陶醉)되어
아직 더디게 피지 못한 봉오리 가슴을 누르고
사나이 진실(眞實)이라 외쳐보고 싶어함이 좋으리라

이 한 세월(歲月) 앞에 한없는 갈등(葛藤)에 목매어

자신을 대변(代辯)하여 줄 천사인가 촛불을 밝혀
격렬(激烈)한 전륜을 흘리고 싶은 오- 하나님이시여

인간(人間)이 본능적(本能的) 진실(眞實)에 주름이 없다면
하늘에 별빛을 있게 할 거야
밟고 있는 땅이라 무너져도 좋으니 외쳐볼 거야

이것은 인간(人間)다운 인간으로서 용솟음쳐
진실(眞實)에 와서 퍼붓고 갈 외침이라 해서
진정(眞情) 다정(多情)한 심금을 잠재울 환희를 노래하리라

지구(地球)가 생(生)겨남이 당신 때문이라면
돌아가는 지구는 왜일까요
웃어야 좋을 나는 웃음을 잊은 것뿐

끓어오르는 열화(熱火)에 화산(火山)을 식혀야 하는
공포(恐怖)보다 더 육중한 무거운 잔(盞)을 들고
웃어야 좋을 나는 왜일까요

어느덧 여기까지 쫓기고 쫓고
수회(數回)를 거듭 사는 곡예사(曲藝師)의 길에서
어느 쪽을 더 소중(所重)하게 거두어야 할 것인가

아침 햇살이 행복(幸福)한 한 가정(家廷)에 창문(窓門)
그윽한 인간사(人間事)에 한 장면(場面)에 신파극(新派劇)을 밝혀주면
참으로 행복(幸福)한 만취(滿醉)에 취하여 독백(獨白)하리라

나는 나를 잊은 자(者) 용서하리라
나는 나를 사랑하는 자를 행복하게 하리라
나는 그래서 인간(人間) 속에서
순교자(殉敎者)가 되어 순하게 살리라

이제 눈앞에는 요란스럽게 춤추는 광란(狂亂)이라도
진실(眞實)한 세상(世上)을 아름답게 하소서
더욱 사랑하게 하소서 두 손 모으리라

정성(精誠)껏 지어 놓은 성벽(城壁) 주변(周邊)에
몰라 저주(咀呪)하는 무리(無理)가 있을지라도
성직자(聖職者)에 참모습을 부르면 독백(獨白)을 고(告)할 거야

오라! 인생(人生) 길이여!
아직 나에게는 멀고도 먼 길
싱그러운 인간사(人間事) 그려 보기로 한다

2

書藝篇

관박

너그럽고 박식하다

가의

마음에 꼭 들어맞다

청오

깨끗하고 현명하다

류휘

빛을 밝힌다

자탁

스스로 학덕을 갈고 닦음

음설

눈을 보고 시를 노래한다

고정

고상한 마음

고절

고결하고 정절함

脩壽

수수

장수를 송축하는 말

보신

정신을 보족하는 것

아통

바르고 밝게 앎

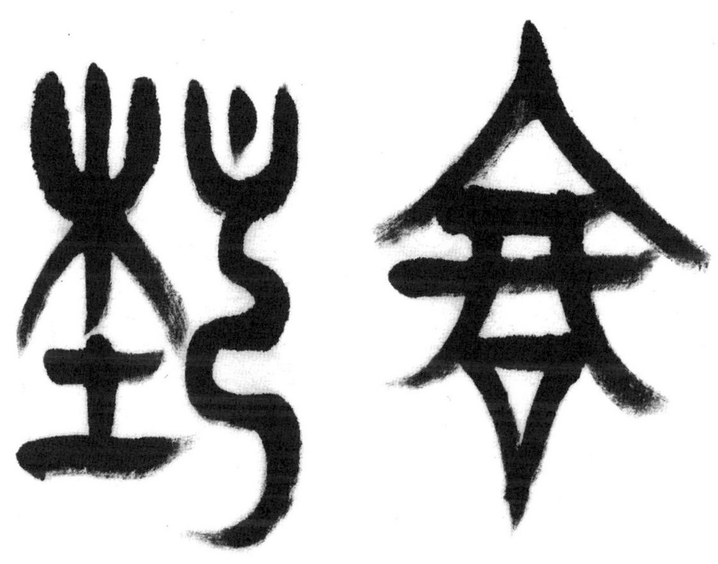

사수

천년수를 누리는 선학의 소나무에 깃들이다

청희

겨울밤의 맑은 새벽녘

충정

충성스럽고 정숙하여 마음이 바름

학운

장수를 향락함

保福

보복

행복을 간직함

지신

삼가함이 깊은 것

절개

행실이 바름

영풍

맑은 바람을 맞아들임

유목

눈을 놀리다

객지에서 가을을 맞이하는

쓸쓸한 감회를 담고 있는데

시국에 대한 근심과 고향에 대한 향수를 노래

-杜甫(두보)의 추흥시의 일부

千家山郭靜朝暉日日

江樓坐翠微信宿漁人

빈 뜰에 단풍나무

곱디고운 옥처럼 푸르렀지

푸른색에 마치 손댄 것처럼

붉은색 예쁜 잎이 숲속 절반

물들었네

- 선조대왕 어시

霜庭得楓楊蕩々碧玲瓏

春如識彩手宇林生燃紅

깊은 궁궐 속에 몸을 움츠려 살다가
오늘 그대가 놀러 간다고 들었다네
골짝에는 거문고 소리 울리고
구름 너머 피리 소리 아득하여라

– 송악유 시

龜縮深窟裡閒畏此日遊

洞中琴韻響雲紛邃聲悠

높은 하늘에 달빛이 정히 고운데
빼딱한 베개에 밤이 서늘하여 사람 아직 못 자네
어디에서 애끊는 강 위의 피리 소리 들리는가
한소리로 푸른 구름의 하늘을 불어 깨쳤네

– 월색 매월당 선생 시

長空月色正嬋娟款秋夜
涂人未眠何處斷腸江上
笛壹聲吹破碧雲天
詩題
月色

금술잔의 향기로운 술은 천 사람의 피요
옥소반의 머금직한 안주는 만백성의 기름이라
연회장의 촛물 녹아 떨어질 때 백성의 눈물 흐르고
가무소리 높은 곳에 신음과 원망소리 높더라

- 변부사 생일연 어사 이몽룡 시

金樽美酒千人血 玉盤佳肴萬姓膏
燭淚落時民淚落 歌聲高處怨聲高

御史 李夢龍 詩

붉은 등 넝쿨을 잡고 천태에 올라가니
꽃봉오리 신선 구름이 손에 피었구나
동리 안에 복숭아 꽃은 길게 떨어지지 않는데
무슨 이유로 푸른 시냇물은 흘러오느냐

- 무제(추사 선생 시)

东藤扶栈上天台萬朶仙
雲手撥開洞裏桃花長不
落何因落出碧溪来
無題
秋史先生稿

비바람 쓸쓸한 낚시터에서
위천의 물고기 새로 세상사 잊는다
어찌 늙어서 용맹을 떨쳐
헛되이 백이 숙제 굶어 죽게 하였는가

- 소천어조도(김시습 시)

風雨蕭拂釣磯滑以魚鳥
識忘機如何老作鷹揚將
空使夷齊餓採薇

錄金時習詩
渭川魚鳥圖

세상사 왜 이다지 자로를 변하는고
이 몸 홀로 유유히 절로절로 지내리라
몇 해를 두고두고 지난일 돌아보매
헛된 꿈 부귀공명 부질없으니 청산과
벗되어 모든 것을 잊으리라

- 무위(이언유 시)

萬物變遷無定態壹身閑
適自隨時年來漸省經營
力長對青山不賦詩

錄李彥迪詩
無号寫

날도 길하고 때도 좋고 재주 또한 어진데
그 곧고 매운 뜻이 더욱 꽃다웁도다
두 사람의 좋은 짝이 집을 마땅히 하는 날에
수많은 동사(자손)가 뒤를
따라서 번창하리로다

- 동국전례(결혼축하시)

日吉辰良才又良其貞其
烈志尤奇而人好述宜家
日多數螽斯詵詵昌

錄
東國興禮

오동나무는 천년이 되어도 하상 곡조를 간직하고 있고
매화는 일생동안 춥게 살아도 향기를 팔지 않는다
달은 천 번을 이지러져도 그 본질이 남아있고
버드나무는 백번을 꺾여도 새 가지가 올라온다.

- 절개(상촌 선생 시)

桐千年老恒藏曲梅一生
寒不賣香月到千虧餘本
質柳經百別又新枝

象村先生詩 錄

한그루 매화나무에 가지가 반이나 없건만

눈 덮힌 달밤의 자태와 아주 비슷해라

제 자리가 아닌 곳에 서 있다고 말하지 마소

누형의 심사는 차군이 알아준다오

- 매화 일수(송강 선생 시)

梅華壹樹半無枝標格依

然雪月時休道託根非處

所老兄心事也君知

錄松江先生詩

梅華一首

푸른 나무 붉은 꽃 정히 길한 때에

벌이 노래하고 나비가 춤추며

그대의 홍복을 축하하네

하늘에 맹서하는 이 날에

삼광(日月星)이 비쳤고 땅에 맹세하는 이 때에

오복을 기약하리

(壽 · 富 · 康寧 · 攸好德 · 考終命)

– 동국전례(오복 축하 시)

綠樹紅花正吉時

蜂歌蝶舞賀君禧

盟天此日三光照

誓地令辰五福期

錄

東園典禮

뜬구름이 긴 하늘을 지나가니
한 점 한 점이 하얗구나
흐르는 물이 북해로 돌아가니
천 리 만 리가 파랗구나
흰 것은 왜 희게 되고
파란 것은 왜 파랗게 되었는지
그 이치를 물어보고 싶건만
구름도 바쁘고 물도 또한 급하더라

- 개거구점(송강 선생 시)

浮雲過長空一點二點白流水
歸北海千里萬里碧白者何為
白碧者何為碧此理欲問之雲
忙水亦急

사람을 어찌 반드시 아름답고
기이한 것을 택하리요
다만 마음이 어진 이를 얻으면
백 세를 기약하리라
날이 길하고 때가 좋으니
그대 또한 길하리니
상서로운 구름이
장차 귀문에 일어나리라

- 동국전례(가정 축하시)

擇人豈必美尤壽只得心

仁百歲期日吉辰良君又

吉祥雲將起賢門時

錄

東国興禮

산천은 어제같이 변함이 없건만
옥수의 좋은 곡조는 어느 때련가
해 저문 고성엔 풀이 우거져
임의 비 흘러서 옛일을 알리네

- 과선죽교(사명당 시)

山川如昨市朝移玉樹歌
殘問幾時落日故城春草
裏祇今惟有鄭公碑

錄過善竹橋
汕溟老[illegible]

멀리보매 마음이 더욱 더 장대해지고
높이 올라 기운은 더욱 고양되려 하네
술이 깨자 도로 다시 취했으니
가을녘 푸른 산에 호방한 흥치 일어나네

- 효종대왕(송악유 시)

涉遠心愈壯凌高氣

亦浮醒來還又醉豪

無碧山穐

孝宗大王 松嶽遊詣

소년은 늙기 쉽고 한문은 이루기

어려우니 짧은 시간이라도

가벼이 여기지 말라

아직 연못가의 봄풀은 꿈에서

깨어나지 못했는데 어느덧

세월은 흘러 섬돌 앞의 오동나무는

벌써 가을 소리를 내는구나

- 권학문(전각제)

少年易老學難成一
寸光陰不可輕未覺
池塘春草夢階前梧
葉已秋聲

부슬부슬 저녁 비 개지 않는데
못가 언덕 풀밭에 지렁이 소리 들리누나
낚시하고 말 타서 돌아오는데
성문에 도착하자 북소리 울리네

- 문종대왕 어시

盧殘晚雨不能晴沙
岸草間乾翻鷺牧羊
溪鳥獨歸徑繞列城
門中鼓聲

文宗大王御詩

훈풍이 불어 만물이 잘 크는 때에
곧은 여자와 어진 남자가
서로 맹세한다
불같은 열정이 끝까지 쉬지
아니하면 산 같은 넓은 복을 영구히 거두리라

- 결혼 축하시

薰風萬物好長辰貞女良

男相擇尋若尺熱情終不

息如洪福永收真

東国典禮

후기

이 책 제목을 『문필봉 사람』이라 하였다.

문필봉과 연적봉은 앞에서 주지한 바 마을 이야기이다. 인간이 살아가는 과정에는 누구도 예상 못하는 우여곡절이 있다 한다. 그러나 문필봉 사람은 오직 전통과 예절, 학문에 우선하는 선비의 마을이다. 그러나 해방 이후 국내 치안 부재 상태에 있을 무렵 도처에서 불순분자들 난동이 속출한 이때에 이 마을에는 수많은 인명피해를 당하였고, 고색찬란한 수십 채의 와가가 모두 불타서 소실되었다.

이러한 한 많은 만행을 겪게 된 마을 사람들은 가족 친지들의 사는 것이 사는 것이겠는가. 그러나 세월은 흘러 지금에 와서 옛이야기로 전하여질 뿐! 가솔 대부분 고향을 떠나 살게 되었고, 그러나 마을에서 살아가는 모두는 옛날을 애써 잊고 살아야 하지만 실의와 한숨에서 살 뿐이었다. 그러나 세월이 약이라는 말처럼, 새마을운동 초창기 시작할 무렵 이때를 기회의 옛날 주실에 꽃탑회와 같은 문예의 고장을 이루어 보자는 움직임을 시작하였을 때 많은 호응을 하여주었다.

이제부터 새벽잠을 깨우면서 새마을운동을 시작하였다. 드디어 많은 응원을 받으면서 옛날 이 마을 활동정신을 이어받은 정신을 살려 많은 응원을 바탕으로 하여 마을 중앙마당 자리에 연극무대를 설치, 연극과 웅변, 노래자랑 그리고 풍물놀이 등 행사를 하였고, 여기에 따라 마을에서는 각색 음식을 내어주어서 크나큰 행사를 치르게 되었다.

행사 이후 인근 이웃 마을 곳곳마다 소문에 소문이 전하여졌고, 이후 새마을 교육 참여 발령을 받게 되었다.

이 땅에 여명기를 지나 삶의 질을 회복하면서 새마을 역군들이 많이 배출되면서 잘사는 나라가 되었다 생각한다.

'인간사 매사에 뜻이 있으면 길이 있다.'

끝으로 이 책 제목을 『문필봉 사람』이라 정한 것이 누가 되지 않을까 고심하였다. 그러나 나 역시 '문필봉' 앞에 살아온 사람이란 자긍심에서 감히 정하였다.

필자 역시 고향을 떠나 제약회사 생활에 몸담은 지 어언 64년이란 세월을 천직으로 살아가고 있다.

모두 건강하십시오. 감사합니다.

문필봉 사람

조국영 시집

2024년 6월 20일 1쇄 1판 발행

지은이 / 조국영

발행인 / 강병욱
발행처 / 도서출판 교음사

03147 서울 종로구 삼일대로 457 수운회관 1308호
Tel (02) 737-7081, 739-7879(Fax)
e-mail / gyoeum@daum.net

등록 / 제2007-000052호

* 잘못된 책은 바꾸어 드립니다. 값 12,000 원

ISBN 978-89-7814-988-4 03810